Votre Premier SMIC Sur Internet En 72 Heures:
Le Système Inédit Le Plus Rapide Pour Gagner De L'Argent Sur Internet Quand On N'A Pas Le Temps Et Générer 1200 Euros En 3 Jours Sans Créer De Produit.

TABLE DES MATIÈRES

INTRODUCTION. 5

MODULE #1: TROUVEZ UNE IDÉE DE PRODUIT
IRRÉSISTIBLE. **11**

I.1- La matrice de 4 (+3) éléments qui génère des idées irrésistibles
de produits. 12

I.2- Premier élément obligatoire de la matrice. 13

I.3- Deuxième élément obligatoire de la matrice. 17

I.4- Troisième élément obligatoire de la matrice. 19

I.5- Quatrième élément obligatoire de la matrice. 20

I.6- Premier élément optionnel de la matrice. 22

I.7- Deuxième élément optionnel de la matrice. 23

I.8- Troisième élément optionnel de la matrice. 24

I.9- Action à faire. 25

MODULE #2: VENDEZ UN PRODUIT QUI N'EXISTE PAS
ENCORE. **29**

II.1- Utilisez le pouvoir des mots pour transformer le comportement
d'achat des gens à 180°. 31

II.2- Quoi proposer pour vendre votre produit qui n'existe pas
encore aussi bien que s'il existait. 34

II.3- Comment créer votre produit très facilement. 36

MODULE #3: CRÉEZ ET INSTALLEZ VOTRE PAGE DE
VENTE EN 30 MINUTES OU MOINS. **38**

III.1- Créez le pré-plan de votre produit. 40

III.2- Ajoutez un maximum de valeur perçue à votre produit. 42

III.3- Créez votre page de vente en 30 min ou moins. 44

III.4- La structure à recopier pour créer votre page de vente écrite en 30 min ou moins. 46

III.5- La structure à recopier pour créer votre page de vente vidéo en 30 min ou moins. 50

III.6- Installez votre page de vente. 52

MODULE #4: COMMENT FIXER VOTRE PRIX POUR AVOIR UN RETOUR SUR INVESTISSEMENT MAXIMUM. ..55

IV.1- Etape 1 de la technique du value based pricing. 57

IV.2- Etape 2 de la technique du value based pricing. 59

IV.3- Etape 3 de la technique du value based pricing. 60

IV.4- Etape 4 de la technique du value based pricing. 61

IV.5- Etape 5 de la technique du value based pricing. 63

IV.6- Etape 6 de la technique du value based pricing. 65

IV.7- Etape 7 de la technique du value based pricing. 67

IV.8- Etape 8 de la technique du value based pricing. 68

IV.9- Calculez le nombre de produits à vendre pour générer un smic. 69

MODULE #5: COMMENT DOUBLER VOS VENTES ET ACQUÉRIR UNE STABILITÉ SUR LE LONG TERME SANS RIEN CRÉER DE PLUS AUJOURD'HUI. 71

V.1- Proposez une formule à abonnement. 72

V.2- Quoi proposer dans votre formule à abonnement. 75

V.3- Plan d'action pour mettre en place votre formule à abonnement. 78

MODULE #6: TROUVEZ DES CLIENTS FACILEMENT SANS PUB ET SANS UTILISER LES TECHNIQUES CLASSIQUES. 81

VI.1- Calcul du nombre de visiteurs ciblés à avoir sur une hypothèse basse de taux de conversion. 82

VI.2- Pourquoi les techniques classiques ne vous permettent pas de générer le revenu désiré en si peu de temps. 84

VI.3- La technique en 5 étapes pour générer instantanément un gros flux de visiteurs ciblés sur votre offre. 86

CONCLUSION. **98**

A PROPOS DE L'AUTEUR. **102**

CRÉATIONS DU MÊME AUTEUR. **103**

INTRODUCTION.

Bienvenue dans cette nouvelle formation.

Vous faites désormais partie d'une toute petite minorité de personnes qui va découvrir une méthode inédite pour gagner vos premiers 1200 euros sur Internet -soit environ l'équivalent d'un smic-, en seulement 3 jours.

En effet, la très grosse majorité des gens qui essaient de gagner de l'argent sur Internet et d'installer un business à long terme pour être indépendants financièrement échouent par manque de temps ou de méthode.

La plupart ont souvent essayé de monétiser leur site en mettant par exemple des bannières publicitaires.

Le problème avec ce genre de méthode est qu'à 0,25 euro le clic, vous ne pouvez espérer gagner que des miettes.

Si 1% de vos visiteurs cliquent sur votre publicité comme c'est souvent le cas, il vous faudrait au minimum 200 000 visiteurs par mois pour ne gagner que 500 euros.

Et avant d'avoir 200000 visiteurs par mois, il va falloir faire sacrément d'efforts qui vont vous prendre de longs mois, si ce n'est des années.

D'autres ont essayé l'affiliation, mais le problème avec l'affiliation est que contrairement à si vous aviez un produit à vous, vous ne maîtrisez pas vos commissions et que vous ne construisez pas votre base de clients une fois qu'ils ont acheté, ce qui est un gros problème pour construire un modèle de business stable à long terme.

De plus, vous n'avez pas la possibilité de faire des promotions ou des offres limitées dans le temps pour créer un sentiment d'urgence qui permet souvent de doubler ou tripler vos ventes, comme c'est le cas lorsque vous avez votre propre produit.

Enfin, certains ont essayé de créer et vendre leurs propres produits. Le problème est que les produits ne sont pas vraiment convainquants car ils n'intéressent pas les gens, ou alors ils sont trop chers par rapport à la valeur perçue par les clients.

Ainsi, dans tous les cas, la très grande majorité des gens n'arrive à gagner que des miettes sur Internet.

Avoir un système qui génère vraiment de l'argent et qui est stable sur la durée prend beaucoup trop de temps.

Entre la nécessité de tester une infinité de modèles trouvés sur Internet ou dans les livres et le fait que ces modèles prennent plusieurs mois voire années avant de voir les premiers résultats, il se déroule en effet souvent de nombreux mois de travail acharné voire parfois des années.

C'est pourquoi cette méthode inédite a été créée pour tous ceux qui manquent de temps et qui ont besoin de générer de l'argent rapidement, tout en construisant un modèle stable dans le temps.

Vous allez voir que cette méthode inverse complètement le fonctionnement habituel des choses en mettant d'abord l'accent sur l'argent à générer, avant même d'avoir créé le produit.

Si vous commencez d'abord à créer un produit puis à le tester pour voir s'il va fonctionner, vous n'arriverez jamais à générer vos 1200 euros en trois jours.

Voici donc le contenu de cette méthode qui va vous guider pas-à-pas vers l'établissement de votre système pour avoir vos premières ventes dès demain matin, et générer d'ici trois jours vos 1200 euros :

Module #1
Vous allez voir ici comment générer des idées irrésistibles de produits.

L'idée réside à faire passer vos idées dans une matrice particulière de 4 éléments obligatoires plus 3 éléments optionnels.

Elle va vous permettre d'avoir une idée de produit que les gens vont s'arracher, ou de remodeler une idée de produit de manière à la rendre irrésistible.

A la fin de ce module, vous aurez donc déjà votre idée irrésistible de produit.

Module #2
Le deuxième module va vous montrer comment vendre un produit qui n'existe pas encore, sans faire de prévente ni de souscription.

Vous allez voir comment créer un concept qui va vous permettre d'engranger autant de ventes que si le produit existait déjà.

Module #3
Dans ce troisième module, vous allez voir comment créer votre page de vente en seulement 30 minutes ou moins.

En effet, vous n'avez pas le temps d'apprendre tous les rouages du copywriting et mécanismes psychologiques pour faire une page de vente qui va convertir.

C'est pourquoi vous allez pouvoir utiliser des structures de pages de vente à recopier, aussi bien pour faire une page de vente écrire qu'en vidéo, dans le cas où vous n'aimez pas écrire.

Vous n'aurez plus qu'à répondre à une simple liste de questions et votre page de vente sera finalisée en à peine 30 minutes.

Module #4
Ce quatrième module va vous permettre de fixer le prix de votre produit de manière à maximiser votre retour sur investissement.

Vous allez voir qu'il s'agit d'une formule qui consiste à simplement faire des additions ou des soustractions.

Cette formule est redoutable pour obtenir un prix qui va non seulement convaincre, mais qui va vous permettre d'obtenir un tarif final beaucoup plus élevé que vous le pensiez.

Vous utiliserez pour ça des techniques avancées qui vont permettre de gonfler le prix et gonfler la valeur perçue par les clients.

Pour couronner le tout, vos clients seront davantage enclins à payer plus cher que de payer un prix inférieur.

Module #5
Ce cinquième module va vous montrer exactement la petite chose à mettre en place immédiatement, et qui va vous permettre de doubler vos ventes et d'assurer une stabilité sur le long terme en n'ayant rien à faire de plus actuellement.

En plus de ne vendre qu'un seul produit, vous allez en fait voir comment vous pouvez abonner les gens pour avoir un revenu supplémentaire chaque mois qui suivra.

Ce que vous mettrez en place dans ce cinquième module vous permettra alors de savoir à l'avance combien vous gagnerez les mois suivants, et installera un système qui vous donnera une stabilité financière sur le long terme.

Module #6
Le sixième et dernier module va vous montrer comment trouver facilement des clients qui vont se ruer sur votre offre.

Vous verrez que vous n'aurez même pas besoin de dépenser le moindre centime en publicité, ni à utiliser les techniques classiques telles que le référencement qui demandent des mois.

Si vous suivez en détail chacune de ces étapes, tout ce système sera en place dès cette après-midi et vous constaterez vos premières ventes dès demain.

Et au bout de trois jours, vous aurez fait suffisamment de ventes pour générer votre premier smic, soit environ 1200 euros, voir certainement bien plus.

La seule condition est de bien mettre en application chaque étape, et de ne pas passer à la suivante tant que ce n'est pas mis en place.

Si vous ne comptez pas passer à l'action, il est en effet tout-à-fait inutile de commencer cette formation.

Les choses étant maintenant claires et votre motivation au top, il est temps de commencer tout de suite avec le premier module.

MODULE #1: TROUVEZ UNE IDÉE DE PRODUIT IRRÉSISTIBLE.

A la fin de ce premier module, vous repartirez en ayant trouvé une idée de produit irrésistible, pour lequel vos clients vont se ruer.

Vous allez pour ça utiliser une matrice particulière de 4 (+3) éléments qui va vous servir de filtre pour y faire passer vos idées.

Vous verrez ensuite en détail chaque élément de cette matrice, et ressortirez avec votre idée irrésistible.

I.1- *La matrice de 4 (+3) éléments qui génère des idées irrésistibles de produits.*

Vous allez maintenant découvrir une matrice qui a été construite à partir des facteurs qui font qu'un produit va cartonner ou non, et basée sur une analyse minutieuse de plus d'une centaine de produits digitaux.

Cette matrice se compose de 4 éléments indispensables et 3 éléments optionnels, et agit comme des filtres dans lesquels doit passer votre idée pour être sûr qu'au final elle sera irrésistible.

Ainsi, votre idée doit au minimum passer les 4 premiers filtres obligatoires de la matrice pour être irrésistible, et idéalement les 3 autres filtres optionnels qui vont encore la renforcer.

Vous pouvez soit l'utiliser pour valider de nouvelles idées de produits que vous avez, soit pour remodeler des idées existantes de manière à les rendre irrésistibles.

L'immense avantage de cette matrice est qu'elle vous économisera la galère inutile de perdre du temps à créer un produit sans être sûr qu'il va fonctionner.

Lorsque vous aurez généré votre idée, vous serez sûr que le produit que vous allez créer va alors cartonner et que vous aurez une tonne de clients qui va se ruer dessus et payer le prix.

Voici maintenant les différents éléments de cette matrice de manière détaillée.

I.2- Premier élément obligatoire de la matrice.

Voici le premier élément obligatoire de la matrice :

"Avoir une promesse qui change la vie."

Pour qu'elle change la vie, cette promesse doit être liée soit à un **désespoir**, soit à un **désir profond**.

Déterminez le plus gros problème des gens de votre marché de niche dont la solution permettrait de leur changer la vie.

Déterminez le plus grand désir des gens de votre marché de niche qui pourrait être réalisé s'ils avaient la solution clé-en-main.

Il doit vraiment s'agir de quelque chose de vital ou de très important pour eux.

C'est d'ailleurs pour ça que toutes les solutions liées à la santé ont tellement de succès, car le bien-être et parfois la vie des gens est directement menacée (arrêt du tabac, perte de poids, gestion du stress, etc).

Prenons deux exemples pour illustrer ça.

Exemple 1 :
Admettons qu'une personne vive très mal son célibat qui dure pendant des années, mais qu'elle est ne sait pas comment s'y prendre pour trouver une relation.

Elle n'en peut plus de cette situation et serait prête à faire n'importe quoi pour en sortir.

Lui proposer une solution pour trouver une petite amie ou un petit ami avec qui construire dès la semaine prochaine serait pour cette personne quelque chose qui va vraiment lui changer la vie.

Exemple 2 :
Voyons voir ici un exemple qui va permettre de remodeler une promesse existante de manière à la rendre irrésistible.

Imaginons que vous soyez consultant et que vous aidiez les entreprises à augmenter leur chiffre d'affaires.

Admettons que ce que vous fassiez par exemple sur votre site Internet la promesse suivante :

"Ma méthode prouvée pour augmenter vos ventes de 30% en 2 mois."

Cette promesse formulée ainsi change effectivement un peu la vie des gens, mais ne répond pas vraiment à un désespoir ou un désir profond.

En effet, les gens sont toujours contents d'apprendre à augmenter leur chiffre d'affaires, mais ils ne vont pas mourir si ce n'est pas le cas.

En revanche, vous pouvez en gardant exactement le même produit ou la même formation, vous adresser à un autre type de personnes qui sont vraiment dans un désespoir ou un désir profond.

Par exemple, vous pouvez vous adresser aux entrepreneurs qui ont tout investi dans leur entreprise depuis des années et qui sont aujourd'hui au bord de la faillite sans savoir comment s'en sortir.

Tout en gardant le même produit ou la même formation, vous pouvez simplement remodeler votre promesse en mettant l'accent sur le désespoir ou le désir profond, en disant par exemple :

"Comment redresser son entreprise et la sauver de la faillite en 2 mois."

Cette deuxième catégorie de personnes va évidemment être beaucoup encline à acheter votre produit quel qu'en soit le prix.

Ainsi, vous voyez qu'en s'adressant simplement à un autre types de personnes, on peut remodeler une promesse moyenne et normale et la transformer en promesse irrésistible, tout en gardant exactement le même produit ou service.

Vous pouvez également très bien faire la même chose avec un produit qui apporte une solution technique, et remodeler une promesse normale en promesse qui change la vie.

Le premier élément de la matrice est donc d'avoir une promesse qui change la vie, liée à un désespoir ou un désir profond.

Ce premier élément est le plus important de tous.

Si vous le faites correctement vous avez déjà fait 50% du travail pour avoir une idée irrésistible.

En effet, la plupart des produits qui ne fonctionnent pas ont à la base un problème avec la promesse qui n'est pas assez forte pour changer la vie.

Cela dit, même si tous les produits ou les thématiques n'ont pas forcément les mêmes enjeux et ne répondent pas forcément aux mêmes types de besoins (majeurs ou secondaires), vous devriez être capable de remodeler une promesse pour la rendre assez forte en insistant sur le désespoir ou le désir profond que peuvent avoir les gens susceptibles d'acheter votre produit.

I.3- Deuxième élément obligatoire de la matrice.

Voici le deuxième élément obligatoire de la matrice :

"Avoir un retour sur investissement de 5 fois le prix du produit, et qui paraisse complètement évident."

Si votre produit coûte par exemple 100 euros, il faut que vos clients potentiels perçoivent de manière évidente qu'ils vont avoir un retour sur investissement d'au moins 500 euros à la lecture de la page de vente.

Si vos produits ne sont pas destinés à faire gagner de l'argent à vos clients pour permettre une comparaison, il va vous falloir traduire les bénéfices de votre produit en apport monétaire pour vos clients.

Vous pouvez par exemple calculer l'économie liée au fait de rester dans la même situation.

Par exemple si vous vendez une méthode pour arrêter de fumer, vous pouvez traduire l'arrêt de la cigarette en gain d'argent en économisant l'achat de paquets de cigarettes et en consultations médicales.

Vous pouvez aussi calculer l'économie que vos clients potentiels feront avec votre solution par rapport à une solution concurrente, à résultat égal.

Par exemple s'il s'agit d'arrêter de fumer, vous pouvez comparer le prix de votre produit qui coûte 100 euros aux 500 ou 1000 euros que vos clients potentiels devront payer s'ils font des séances d'hypnose, ou s'ils achètent des patches anti-tabac, etc.

Ainsi, en plus de proposer une promesse qui change la vie, votre idée doit aussi mettre en évidence un retour sur investissement d'au moins cinq fois le prix du produit.

I.4- Troisième élément obligatoire de la matrice.

Voici le troisième élément obligatoire de la matrice :

"Est-ce que le résultat est clair, net et précis ?"

Le mieux est de proposer un résultat chiffré.

Par exemple, perdre 15 kg en 4 semaines, ou tripler son salaire en 30 jours.

Il est en effet essentiel que la personne qui consulte votre page de vente s'imagine et visualise sa vie une fois qu'elle aura résolu son problème avec votre solution.

I.5- Quatrième élément obligatoire de la matrice.

Voici le quatrième élément obligatoire de la matrice :

"Avoir une solution unique qui n'existe pas ailleurs."

Il faut que votre idée amène une solution unique qui n'existe pas ailleurs, et qu'il ne s'agisse pas d'une énième solution qui existe déjà chez les concurrents et qui fait que les clients ont toujours leur problème.

Par exemple si vous proposez une solution pour arrêter de fumer, vous n'allez pas proposer un énième patch.

En effet, la personne qui veut arrêter de fumer et qui est vraiment désespérée à déjà tout essayé, que ce soit des patches ou de l'hypnose.

Elle ne s'attend donc pas à trouver une énième version des solutions qu'elle a déjà essayées sans succès.

Elle s'attend à trouver quelque chose d'unique qu'elle n'a encore jamais essayé auparavant.

Ceci termine le quatrième élément de la matrice.

Chaque idée que vous voudrez considérer devra obligatoirement passer l'ensemble de ces quatre filtres pour être irrésistible.

Vous avez vu qu'il suffit parfois de s'adresser à un autre type de personnes de votre marché pour pouvoir remodeler une idée de manière à la rendre irrésistible, tout en ayant exactement le même produit ou service.

Voici maintenant les trois autres éléments optionnels, mais qui vont compléter et renforcer votre idée.

I.6- Premier élément optionnel de la matrice.

Voici le premier élément optionnel de la matrice :

"Calendrier en jours vers la solution."

Cet élément consiste à proposer un délai en heures, en jours ou en mois pour atteindre le résultat.

Par exemple : arrêter de fumer en 30 jours, doubler son salaire en 4 mois, se débarrasser de son stress en 48 heures, etc.

I.7- Deuxième élément optionnel de la matrice.

Voici le deuxième élément optionnel de la matrice :

"Avoir des résultats clairs dès le premier jour."

Le cerveau inconscient est en effet programmé pour réagir à l'urgence, au danger imminent et aux récompenses imminentes.

Ainsi, même si ce n'est pas essentiel, réussir à apporter un résultat immédiat ou quasi-immédiat apportera un gros plus à votre idée.

Par exemple :

"Dès demain matin ou dès le journal de 20 heures ce soir, vous aurez déjà constaté ceci et mis en place cela."

I.8- Troisième élément optionnel de la matrice.

Voici le troisième et dernier élément optionnel de la matrice :

"Avoir une preuve puissante."

Il existe deux types de preuves que vous pouvez utiliser.

Le premier type est la preuve sociale, qui consiste à dire par exemple :

"X personnes ont utilisé cette solution."

"98% de réussite."

Le second type est la preuve d'autorité, qui consiste à dire par exemple :

"Le produit préféré des chefs d'entreprise."

"Testé dermatologiquement."

Ceci termine les trois éléments optionnels de la matrice.

I.9- Action à faire.

Maintenant que vous connaissez tous les éléments de la matrice, vous allez trouver une idée irrésistible avant de passer au module suivant.

Voici comment procéder, en deux étapes :

Etape 1 :
Lister 20 problèmes qui impliquent un désespoir.

Vous allez lister 20 problèmes qu'ont les gens dans votre thématique ou domaine d'activité qui impliquent un désespoir.

Il s'agit de choses qui modifient négativement leurs vies, de choses sur lesquelles ils ont peut-être déjà essayé plein de solutions sans succès, de choses qu'ils ne peuvent plus supporter ni voir en peinture mais ne savent pas comment en sortir.

Il est important de ne pas en lister moins de 20.

Si vous êtes à court d'idées, faites une pause et reprenez jusqu'à en avoir 20.

Faites-le maintenant avant de passer à la suite.

Etape 2:
Faire passer ces problèmes au travers de la matrice.

Une fois que vous avez listé vos 20 problèmes qui impliquent un désespoir, voici ce que vous allez faire.

Vous allez maintenant prendre chaque problème puis le faire passer au travers de la matrice vue précédemment pour voir vous pouvez trouver une solution qui réponde aux exigences des quatre éléments obligatoires de la matrice.

Pour chaque problème, vous allez donc vous demander si vous pouvez trouver une solution à ce problème qui :

1- Change la vie.

2- Apporte un retour sur investissement d'au moins cinq fois le prix du produit.

Note : Bien que vous ne connaissiez pas encore votre prix, vous pouvez déjà avoir une idée si le bénéfice apporté au client est évident et s'il représente ou non un équivalent en argent au moins cinq fois supérieur au prix moyen que vous pourriez mettre (vous verrez comment fixer votre prix dans le quatrième module).

3- Est-ce que le résultat est clair, net et précis.

Demandez-vous si on peut comprendre clairement le résultat, et assurez-vous que ce résultat ne soit pas vague mais chiffré autant que possible.

4- Avoir une solution unique qui n'existe pas ailleurs.

Autrement dit, il s'agit ici d'identifier tous les problèmes de votre liste avec un désespoir qui passent à travers la matrice, c'est-à-dire dans lesquels vous pouvez trouver une promesse qui honore les quatre points de la matrice.

Vous n'avez pas besoin de rédiger une promesse à ce stade (ceci sera fait plus tard).

Ce qui importe pour l'instant est simplement d'approcher une idée de produit qui soit irrésistible.

Faites-le maintenant avant de passer à la suite.

Une fois que vous avez fait ça, vous avez désormais votre liste de solutions que vous pouvez apporter aux gens, et qui répondent aux quatre éléments principaux de cette matrice.

Conservez précieusement cette liste qui vaut de l'or, car elle va vous permettre de créer de nombreux autres produits irrésistibles par la suite.

Ceci termine ce premier module.

Vous avez donc vu une matrice qui vous a permis de trouver une idée irrésistible de produit.

Vous avez également de nombreuses autres idées irrésistibles au travers d'une liste que vous conserverez précieusement, et qui vaut de l'or pour assurer la pérennité de votre business sur le long terme.

Il reste maintenant à voir comment vendre ce produit fictif qui n'existe pas encore, et dégager des revenus alors qu'il n'y a pas le temps de créer le produit maintenant.

En effet, le but est d'obtenir des revenus tout de suite, puis de créer le produit après.

Ceci va faire l'objet du prochain module.

MODULE #2: VENDEZ UN PRODUIT QUI N'EXISTE PAS ENCORE.

A la fin de ce module, vous allez voir comment vendre un produit qui n'existe pas encore, sans avoir à faire de la prévente ou de la souscription.

Vous avez en effet à l'aide du premier module choisi une idée irrésistible de la liste que vous avez créée.

Plutôt que de prendre le temps de créer le produit tout de suite puis ensuite de le mettre sur le marché, l'idée va être d'inverser les choses et être payé avant même de créer ce produit.

En effet, le but de cette formation est d'obtenir des revenus le plus rapidement possible et de générer un smic en 72 heures.

Vous n'avez donc pas le temps de créer votre produit et il va vous falloir réussir à le vendre sans l'avoir encore créé.

Pour ça vous allez voir une technique qui fonctionne extrêmement bien et qui va vous permettre d'obtenir le même taux de conversion que si le produit existait déjà.

Dans une première partie, vous allez d'abord voir comment vous allez utiliser le pouvoir des mots pour transformer le comportement d'achat des gens à 180°.

Vous allez voir comment pour vendre un même produit, il suffit simplement de formuler les choses différemment pour passer de personnes qui n'achètent pas à des personnes qui se ruent littéralement sur votre produit.

Dans une deuxième partie, vous allez voir ce que vous devez proposer pour vendre votre produit qui n'existe pas encore aussi bien que s'il était déjà créé.

II.1- Utilisez le pouvoir des mots pour transformer le comportement d'achat des gens à 180°.

La chose merveilleuse qu'il y a avec le marketing, c'est qu'il suffit souvent de formuler les choses différemment pour que les gens se mettent à se ruer sur un produit.

En effet, en transformant un concept par l'utilisation de mots différents, on peut transformer totalement la réaction que les gens vont avoir derrière.

Voici un exemple tiré de ce qui a fait polémique à un moment lorsque le mariage homosexuel a été abordé.

En effet, lorsque des sondages étaient réalisés, environ 60% des gens étaient pour le mariage homosexuel et 40% contre.

Autrement dit, les résultats étaient relativement mitigés.

La raison est que le terme "mariage homosexuel" évoque deux notions qui ont une représentation opposée dans la tête des gens.

D'une part, le mot mariage évoque quelque chose de très traditionnel ; d'autre part le terme homosexuel évoque chez certaines personnes une chaîne de valeur différente qui s'oppose avec le côté traditionnel du mariage.

Du coup, une sorte de dissonance cognitive est créée en juxtaposant ces deux termes, ce qui explique les résultats mitigés.

En revanche, lorsqu'on remplace le terme "mariage homosexuel" par "mariage pour tous", il se produit une sorte d'effet magique où presque tout le monde devient pour.

Pourtant, il s'agit exactement de la même chose, mais exprimée avec des mots différents.

Ainsi, il suffit parfois de changer les mots utilisés pour désigner une même chose afin de provoquer chez les gens une réaction émotionnelle radicalement différente.

C'est tout ce pouvoir qu'on va utiliser pour vendre votre produit qui n'existe pas en obtenant un taux de conversion similaire à s'il existait.

Ainsi, on ne va pas parler de faire une prévente ou une souscription.

Si on emploie ces termes pour votre produit, il y a de fortes chances que presque personne n'achète.

En effet, ces termes peuvent à la rigueur fonctionner pour des auteurs très connus, mais certainement pas pour le reste.

Imaginez un peu le tollé que vous allez provoquer si vous dites :

"J'ai un produit que je pense créer d'ici deux semaines, mais payez-le maintenant car j'ai besoin d'argent tout de suite."

Il y a fort à parier que presque personne ne va payer, ou alors la seule personne qui va payer sera celle qui a mal lu ce que vous proposez.

Pourtant, vous allez dans la page suivante formuler cette même situation d'une manière différente, et qui va faire changer le comportement des gens à 180°.

II.2- Quoi proposer pour vendre votre produit qui n'existe pas encore aussi bien que s'il existait.

Au lieu de proposer une prévente ou une souscription, vous allez proposer un **évènement en ligne**, en disant par exemple :

"J'organise un évènement en ligne dans deux semaines qui sera enregistré, il y a 3 dates. Si vous ne pouvez assister à aucune date, vous pouvez toujours télécharger l'enregistrement de l'évènement."

Avec cette nouvelle formulation qui pourtant exprime exactement la même chose, les gens vont alors avoir un comportement d'achat radicalement différent et se ruer sur votre offre.

En effet, il ne s'agit plus de quelque chose que vous pré-vendez, mais d'un évènement, et les gens sont habitués et trouvent tout-à-fait normal d'acheter leur ticket à l'avance lorsqu'il s'agit d'un évènement.

Ainsi, vous allez pouvoir dire quelque chose du style :

"Vous avez tel problème, et j'ai une solution que vous allez pouvoir découvrir dans l'évènement en ligne qui va se dérouler lundi à X heures, mardi à Y heures et mercredi à Z heures.

En vous inscrivant maintenant, vous avez droit à 50% de réduction car vous vous inscrivez bien à l'avance, et cette réduction 50% sera relevée dans 2 jours.

Si vous ne pouvez pas y assister, ce n'est pas du tout un problème car dans tous les cas dès que l'évènement est enregistré, je mettrais à votre disposition l'enregistrement intégral de l'évènement en ligne."

Assurez-vous bien de parler d'évènement et pas de webinaire qui a une connotation plus gratuite.

Vous voyez qu'en changeant simplement les mots, vous rendez instantanément le produit vendable, alors qu'il n'existe pas encore.

Ainsi, vous pourrez par exemple proposer quelque chose comme :

"Evènement live sur tel sujet. Choisissez votre date. Accédez aussi au replay téléchargeable à partir de tel jour."

II.3- Comment créer votre produit très facilement.

Le deuxième gros avantage de proposer un évènement est qu'il va vous être très facile de réaliser votre produit.

En effet, un évènement peut facilement s'enregistrer sur votre webcam sans avoir besoin de faire un produit trop policé et trop structuré.

De plus, sachez que vous n'avez pas besoin d'être présent les jours de l'évènement et que vous pouvez tout-à-fait le préenregistrer.

Par exemple, vous pouvez récolter les questions des gens et répondre à leurs questions en vidéo.

Ou alors, vous pouvez préparer un programme à l'avance et l'enregistrer de la même manière que vous auriez fait un produit de formation au format vidéo.

Ceci termine ce deuxième module.

Vous avez vu que le pouvoir des mots permet d'obtenir un comportement d'achat radicalement différent chez les gens pour un même produit.

Vous savez dorénavant quoi proposer à vos clients pour qu'ils achètent votre produit qui n'existe pas encore aussi bien que s'il existait.

Il va donc s'agir de créer un évènement.

Vous savez également comment créer très facilement ce produit, et vous avez vu que vous pouvez tout-à-fait vous contenter de le préenregistrer, sans avoir besoin d'être présent les jours de diffusion en live.

Vous allez maintenant voir dans le module suivant comment créer la page de vente pour présenter cet évènement, en 30 minutes ou moins.

MODULE #3: CRÉEZ ET INSTALLEZ VOTRE PAGE DE VENTE EN 30 MINUTES OU MOINS.

Dans ce troisième module, vous allez voir comment créer la page de vente qui va vendre votre produit qui ici est votre évènement en ligne puis l'installer sur votre site web.

Tout ça en 30 minutes ou moins.

En effet, le but est de créer le plus rapidement possible une page de vente qui converti pour pouvoir constater vos premières ventes dès demain, sans savoir besoin de connaître tous les secrets du copywriting ni de passer des semaines à vous demander comment agencer les parties de votre page de vente.

Vous allez ainsi pouvoir créer votre page de vente en à peine 30 min, simplement en utilisant des modèles prouvés à recopier.

Vous n'aurez plus qu'à répondre à une simple liste de questions pour obtenir une page de vente prête à l'emploi et qui converti extrêmement bien.

Voici donc comment va se dérouler la création et l'installation de votre page de vente.

Dans un premier temps, vous allez créer un pré-plan très simple qui liste les gros points de ce dont vous allez parler dans votre futur produit.

En effet, il faut savoir de quoi va traiter votre futur produit avant de créer votre page de vente.

Dans un deuxième temps, vous allez voir comment ajouter un maximum de valeur perçue à votre produit.

Dans un troisième temps, vous allez utiliser l'une des deux structures à recopier pour créer votre page de vente en répondant simplement aux questions.

Vous aurez le choix entre un modèle à recopier pour créer une page de vente écrite, ou un modèle à recopier pour créer une page de vente vidéo si vous n'aimez pas écrire.

Enfin, vous verrez comment installer cette page de vente en ligne.

III.1- Créez le pré-plan de votre produit.

Avant de créer votre page de vente en utilisant les modèles à recopier, il va d'abord falloir savoir de quoi va parler votre produit qui est dans ce cas votre évènement en ligne.

Vous allez ici réaliser un pré-plan très simple de comment se structure ce produit, en listant 5 à 7 points.

L'idée à ce stade est simplement d'avoir une liste de points et pas un plan détaillé.

Vous pouvez par exemple créer ce pré-plan en l'organisant en journées ou en semaines.

Par exemple, si vous créez un programme pour faire telle chose en 5 jours ou telle autre chose en 6 semaines, chacune de vos journées ou semaines va correspondre à un point.

Vous pouvez aussi organiser ce produit sous forme d'étapes chronologiques qui guident vos clients à aller de la situation désespérée où ils se trouvent vers la situation finale où tout est résolu.

Par exemple, voici le plan de cette formation :

- Trouvez une idée de produit irrésistible.

- Vendez un produit qui n'existe pas encore.

- Créez et installez votre page de vente en 30 min ou moins.

- Fixez votre prix pour avoir un retour sur investissement maximum.

- Doublez vos ventes sur le long terme sans rien créer de plus.

- Trouvez facilement des clients.

A vous maintenant de lister 5 à 7 points de votre produit.

Faites-le maintenant avant de passer à la suite car vous en aurez besoin.

Ne vous inquiétez pas à ce stade si vous n'avez pas le temps de détailler le contenu de ce que vous allez dire dans chaque point.

Vous aurez tout le temps d'y réfléchir une fois que vous aurez fait vos premières ventes.

Maintenant que vous avez votre pré-plan de 5 à 7 points de votre produit qui est votre évènement en ligne, vous pouvez passer à la suite.

III.2- Ajoutez un maximum de valeur perçue à votre produit.

Vous allez maintenant ajouter un maximum de valeur perçue à votre produit en listant tout ce que vous pouvez donner en plus du produit.

Il peut s'agir de toutes les ressources supplémentaires à votre produit que vous allez donner en plus.

Par exemple pour votre évènement en ligne, il peut s'agir soit d'une ou plusieurs petites vidéos courtes additionnelles faisant un tutoriel bonus ou non sur telle ou telle chose.

Il peut aussi s'agir de fichiers PDF listant une procédure, ou offrant une structure à suivre pas-à-pas pour faire telle ou telle chose.

Cela peut aussi être un script, un plugin, ou un fichier Excel avec des formules de calcul, etc.

Le gros avantage de lister toutes ces petites choses que vous pouvez donner en plus de votre évènement en ligne est que vous allez augmenter considérablement la valeur perçue.

La première raison est que vous allez pouvoir dire aux gens qu'ils vont recevoir telle et telle chose en plus.

La deuxième raison est qu'en variant les formats (vidéo, fichier PDF, script, fichier Excel, podcast, etc.), vous allez vous dissocier des formats classiques de vos concurrents qui ne proposent qu'une vidéo.

Ainsi, votre produit devient bien plus qu'une simple vidéo. Il devient un kit, un système, un package.

Votre produit devient alors difficilement comparable aux produits similaires des concurrents et vous pouvez beaucoup plus facilement justifier d'un prix plus élevé.

Listez donc maintenant l'ensemble des choses et des différents formats que vous allez mettre en plus de votre produit.

Une fois que vous l'avez fait, vous pouvez passer à la suite.

III.3- Créez votre page de vente en 30 min ou moins.

Les deux étapes précédentes vous ont permis de définir le pré-plan de votre produit et lister tout ce que vous pouviez mettre en plus pour y ajouter un maximum de valeur.

Vous allez maintenant pouvoir utiliser l'une des deux structures à recopier pour créer votre page de vente en 30 minutes ou moins.

La première structure est à utiliser si vous souhaitez créer une page de vente écrite.

La deuxième structure est à utiliser si vous souhaitez créer une page de vente vidéo.

Il n'y a pas de choix meilleur que l'autre. Choisissez simplement le format dans lequel vous vous sentez le plus à l'aise.

Même si les taux de conversion sont généralement légèrement meilleurs avec une page de vente vidéo, tout ceci est relatif et dépend de vos talents.

Vous aurez par exemple de bien meilleurs résultats avec une page de vente écrite si vous êtes plus à l'aise à l'écrit et si vous n'êtes pas à l'aise et pas convainquant lorsque vous parlez devant une caméra.

Reportez-vous maintenant à la structure à recopier que vous avez choisie, et répondez simplement à la liste de questions posées.

Au bout de 30 minutes maximum (n'y passez pas plus de temps), vous aurez obtenu une page de vente qui va vous donner des taux de conversion extrêmement élevés.

III.4- La structure à recopier pour créer votre page de vente écrite en 30 min ou moins.

Voici la structure à recopier à suivre pour créer votre page de vente écrite. Il vous suffit simplement de répondre dans l'ordre à la liste de questions ci-dessous :

1- Titre sous forme de promesse.

Ecrivez votre titre sous forme de promesse si possible définie dans le temps (en 4 jours, en 48 heures, en 6 semaines, etc.).

2- La même promesse mais sous forme de phrase.

Reformulez la promesse du titre en faisant cette fois une phrase.

Par exemple :

"Dans les minutes qui suivent, vous allez découvrir comment...".

3- Listez 5 à 10 problèmes profonds de vos lecteurs, sous forme d'une liste de points.

Il peut s'agir de peurs, d'angoisses, de colères, de frustrations, d'échecs, etc.

Par exemple :

"Vous avez essayé de X mais...", "vous rêvez de Y, mais...", "vous en avez marre de Z", etc.

4- Racontez comment vous êtes passé des mêmes problèmes que vos lecteurs à la solution.

Racontez ici votre histoire et votre parcours qui vous a mené de l'état où sont actuellement vos lecteurs vers l'état final où ils veulent être. Ainsi, ils vont pouvoir s'identifier à votre histoire.

Par exemple :

"J'étais dans la même situation que vous... J'ai essayé de faire ci et ça mais ça n'a pas marché... J'ai perdu tant de temps et d'argent... Jusqu'à ce que je tombe sur telle chose/jusqu'à ce que je rencontre telle personne/jusqu'à ce que je teste telle chose, etc."

5- Expliquez que vous avez transformé cette solution en méthode, en système complet.

Expliquez que vous avez transformé la ou les techniques qui vous ont mené à la solution en méthode ou système complet.

Par exemple :

"J'ai regroupé toutes ces techniques pour en faire un système complet simple et en pas-à-pas, qui permet d'obtenir tel résultat en tant de temps, même sans avoir X."

6- Annoncez votre évènement en une phrase.

Par exemple :

"Je vais tout vous révéler dans un évènement en ligne/conférence vidéo en ligne, dans lequel/laquelle vous allez apprendre :"

7- Listez tout ce que vos clients vont apprendre.

Faites ici une liste de 20 à 50 éléments comme des puces promesses.

Par exemple :

"La technique simple pour X."

"L'astuce incroyable qui va Y en 10 minutes."

"La méthode en 4 étapes pour Z."

"Le truc tout simple pour obtenir X en 12 secondes."

Etc.

8- Proposez l'achat et indiquez qu'une vidéo de replay sera distribuée.

Par exemple :

"Choisissez une date et recevez en plus la vidéo à télécharger, même si vous ne pouvez pas assister à l'évènement live :

X € offerts jusqu'au XX/XX, soit Y € au lieu de Z €.

Cliquez ici pour réserver tout de suite."

III.5- La structure à recopier pour créer votre page de vente vidéo en 30 min ou moins.

Pour créer votre page de vente vidéo, il vous suffit de reprendre la structure à recopier précédente et de changer uniquement la dernière étape qui est l'étape 8.

Les étapes 1 à 7 sont en effet exactement les mêmes, sauf qu'au lieu d'écrire vous allez parler devant une caméra.

Notez que pour l'étape 7, vous pouvez vous contenter de ne faire qu'une liste de 10 à 20 éléments au lieu des 20 à 50 de la page de vente écrite. En énoncer trop pourrait en effet devenir fastidieux à écouter.

Voici donc ce qui change pour l'étape 8 :

8- Sous la vidéo, rédigez un texte qui propose l'achat et indiquez qu'une vidéo de replay sera distribuée.

Par exemple :

"Choisissez une date et recevez en plus la vidéo à télécharger, même si vous ne pouvez pas assister à l'évènement live :

X € offerts jusqu'au XX/XX, soit Y € au lieu de Z €.

Cliquez ici pour réserver tout de suite."

Ce qui est important dans votre page vidéo, c'est de ne surtout pas annoncer de prix.

Ça vous permettra par la suite de changer votre prix très facilement.

III.6- Installez votre page de vente.

Maintenant que vous avez votre page de vente écrite ou vidéo réalisée, vous allez maintenant la mettre en ligne avec un lien de paiement dessus.

L'idée est que vous ne quittiez pas votre bureau tant que ça n'est pas fait.

Vous allez donc mettre votre page de vente écrite ou vidéo sur votre site.

Si vous n'avez pas de site, il vous suffit d'aller sur un générateur de sites, ou alors de créer un blog avec une extension ".com" tout simplement en installant Wordpress.

Si vous passez par un hébergeur tel que Godaddy ou Bluehost, vous pouvez avoir Wordpress d'installé en moins d'une minute avec les installations en un seul clic qu'ils proposent.

Ainsi, avant même de quitter votre bureau et de passer au module suivant, vous devez absolument mettre votre page de vente en ligne sur Internet.

Cette page doit bien entendu être fonctionnelle, avec un lien de paiement prêt à recevoir de l'argent, par exemple en utilisant des solutions de paiement telles que Paypal ou 2checkout.

On doit en effet pouvoir payer pour s'inscrire à votre évènement en choisissant une date.

Si vous n'êtes pas à l'aise en technique par exemple pour proposer un choix de date, vous pouvez par exemple utiliser un système d'autorépondeur tel que Aweber ou Getresponse.

Ils proposent tous types de formulaires pour s'inscrire à une newsletter.

Il vous suffit d'installer un formulaire proposant plusieurs choix de dates.

Il suffit à la personne de choisir la date qui lui convient le mieux, ce qui va l'inscrire à votre newsletter et la rediriger par exemple vers la page de paiement de votre solution de paiement.

Pour proposer plusieurs choix de dates, vous pouvez aussi simplement utiliser Paypal.

Il vous suffit alors de faire un bouton d'achat différent pour chaque date.

Par exemple, vous pouvez faire un bouton d'achat pour l'évènement du lundi, un autre pour celui du mardi, un autre encore pour celui du mercredi, etc.

Vous aurez ainsi à chaque fois un produit différent ce qui vous permettra de savoir qui a acheté pour quel jour.

Ceci termine ce troisième module.

Vous avez donc réalisé votre page de vente et vous l'avez installée.

Vous avez à ce stade votre page de vente en ligne et avec un lien de paiement fonctionnel, prêt à recevoir vos premières ventes.

Le problème est qu'actuellement vous n'avez pas encore vraiment réfléchi au prix et vous avez peut-être mis un prix un peu au hasard afin d'installer le système.

Ne vous inquiétez pas, il est encore tout à fait temps de modifier ce prix et cette manipulation ne prend d'ailleurs que moins d'une minute.

Vous allez donc voir dans le module suivant comment fixer votre prix pour avoir un retour sur investissement maximum.

MODULE #4: COMMENT FIXER VOTRE PRIX POUR AVOIR UN RETOUR SUR INVESTISSEMENT MAXIMUM.

Dans ce module, vous allez voir comment fixer votre prix et aussi votre remise pour avoir un retour sur investissement maximum.

En effet, la plupart des gens qui débutent ne savent pas trop quel prix fixer sur leurs produits.

Beaucoup cherchent à comparer avec les produits concurrents, ou n'osent pas à mettre un prix trop élevé de peur qu'il ne se vende pas.

Vous allez donc voir maintenant comment fixer le meilleur prix possible en utilisant la technique du value based pricing.

Cette technique repose sur la valeur que va percevoir le client une fois avoir lu ou regardé votre page de vente.

En effet, suite à la lecture ou au visionnage de votre page de vente, le client va alors se faire une idée du prix que pourrait coûter votre produit, de part la valeur créée dans votre page notamment avec la liste de tous les bénéfices de votre produit.

De plus, le fait de proposer un évènement va encore contribuer à augmenter cette valeur perçue car un évènement se compare souvent au prix élevé par exemple d'un séminaire.

La technique du value based pricing se déroule en 8 étapes très simples et rapides, à faire dans l'ordre.

Chaque étape est détaillée dans les pages suivantes.

Une fois que vous aurez fixé votre prix, vous calculerez le nombre de produits à vendre d'ici 72 heures pour générer 1200 euros, soit environ un smic.

IV.1- Etape 1 de la technique du value based pricing.

La première étape consiste à :

"Identifier la meilleure alternative à votre évènement, à votre produit."

Vous allez chercher la meilleure solution/alternative qui permet d'obtenir les résultats les plus proches des résultats de votre produit (donc ici de votre évènement).en termes de rapidité, de facilité, d'efficacité.

Vous pouvez par exemple pour ça vous rapprocher de solutions concurrentes. Dans ce cas, privilégiez les solutions qui ont un coût élevé.

Par exemple vous qui proposez un évènement, n'allez pas chercher des solutions alternatives donnant les résultats les plus proches de votre évènement en regardant les livres ou DVD qui existent.

Regardez plutôt les autres évènements, les séminaires, les coachings, les rendez-vous avec des spécialistes, les cours particuliers, etc.

Par exemple si votre évènement explique comment arrêter de fumer, regardez les thérapies existantes, les séminaires, le nombre de séances d'hypnose nécessaires pour obtenir le résultat le plus proche que celui que les gens obtiendront avec votre évènement.

D'ailleurs, vous n'êtes pas obligé forcément de chercher des produits ou solutions concurrentes qui se vendent actuellement. Il se peut peut-être même qu'il n'existe pas de solution concurrente.

Ainsi, si votre évènement permet de gagner par exemple en productivité, vous pouvez identifier le temps supplémentaire nécessaire pour obtenir le même résultat si les gens restaient dans la même situation.

Vous pouvez aussi identifier toutes les différentes formations qu'ils devront rechercher et effectuer pour obtenir les mêmes résultats que votre évènement qui condense l'ensemble de ces formations pour délivrer immédiatement la solution.

Selon votre thématique, vous allez donc identifier l'alternative la plus proche à votre produit pour obtenir des résultats similaires.

IV.2- Etape 2 de la technique du value based pricing.

La deuxième étape consiste à :

"Déterminer le prix de cette alternative."

Le but est d'essayer ici de déterminer le prix en euros de cette alternative pour avoir un résultat plus ou moins similaire à votre produit.

Par exemple, l'inaction coûte de l'argent.

Vous pouvez ainsi évaluer le manque à gagner que cela coûte aux gens de rester dans la même situation pour obtenir le même résultat.

Il peut s'agir par exemple de devoir faire beaucoup plus d'efforts, ou de prendre 5 fois plus de temps pour faire une chose qui aurait pu être faite plus facilement et plus rapidement avec votre produit.

Si l'alternative est une autre formation ou un coaching, allez voir combien cette formation ou ce coaching coûte sur le site du concurrent.

Ainsi, notez le coût de cette alternative à côté de son nom.

Appelons ce prix "A". Vous allez vous en servir dans l'étape 5.

IV.3- Etape 3 de la technique du value based pricing.

La troisième étape consiste à :

"Lister en 2 colonnes les avantages et désavantages de votre produit par rapport à l'alternative."

Vous allez ici créer une colonne "avantages" et une colonne "désavantages".

Dans la colonne avantages, vous allez lister tous les avantages de votre produit par rapport à la meilleure alternative.

Dans la colonne désavantages, vous allez lister tous les désavantages de votre produit par rapport à l'alternative.

Quels sont ces avantages et désavantages en termes de facilité, de temps, de résultats, etc. Soyez le plus précis possible dans votre listing.

IV.4- Etape 4 de la technique du value based pricing.

La quatrième étape consiste à :

"Estimer la valeur en euros de chacun des avantages et chacun des désavantages."

Vous allez maintenant mettre un prix à côté de chaque avantage et à côté de chaque désavantage.

Exemple de désavantage :

Si par exemple votre produit est une formation à distance en ligne et que l'alternative est un consultant qui reçoit les gens en personne à son bureau, le manque de proximité peut-être perçu comme un désavantage.

Vous allez donc estimer le prix de ce désavantage, et calculer combien d'argent les gens seraient-ils prêts à mettre pour pouvoir rencontrer quelqu'un en personne au lieu d'avoir affaire à quelque chose en ligne.

Exemple d'avantage :

Le fait que votre produit soit en ligne peut aussi être perçu comme un avantage qui va contrebalancer le désavantage vu précédemment.

En effet, un produit en ligne peut être directement téléchargeable et les gens peuvent le consommer de leur salon sans avoir besoin de se déplacer.

Vous allez donc estimer le prix de cet avantage.

Mettez ainsi un prix à côté de chaque avantage et chaque désavantage que vous avez listé dans la partie précédente.

Maintenant, faites la somme des prix de tous les avantages de votre produit par rapport à l'alternative.

Appelons cette somme "B".

De même, faites la somme des prix de tous les désavantages de votre produit par rapport à l'alternative.

Appelons cette somme "C".

Vous allez utiliser "B" et "C" dans la partie suivante.

IV.5- Etape 5 de la technique du value based pricing.

La cinquième étape consiste à :

"Calculer la valeur perçue du produit par le client."

Reprenez maintenant le prix de l'alternative que vous avez calculé dans l'étape 2 et que vous avez appelé "A".

Reprenez également la somme des prix des avantages de votre produit par rapport à l'alternative que vous venez de calculer à l'étape 4 et que vous avez appelée "B".

Enfin, reprenez la somme des prix des désavantages de votre produit par rapport à l'alternative que vous venez de calculer à l'étape 4 et que vous avez appelée "C".

Ainsi, calculez la valeur perçue de votre produit avec la formule suivante :

Valeur perçue du produit = A + B - C

Autrement dit :

Valeur perçue du produit = prix de la meilleure alternative + somme des prix des avantages de votre produit par rapport à l'alternative - somme des prix des désavantages de votre produit par rapport à l'alternative

Vous avez ainsi la valeur perçue de votre produit (donc ici votre évènement) par le client.

Attention, il ne s'agit pas encore de votre prix final mais simplement de la valeur perçue par le client.

IV.6- Etape 6 de la technique du value based pricing.

La sixième étape consiste à modifier votre page de vente pour y injecter les éléments que vous avez utilisés ici, liés à votre comparaison avec l'alternative la plus proche à votre produit pour obtenir des résultats similaires.

Ainsi, vous allez injecter dans la liste de bénéfices de votre page de vente l'ensemble des avantages de votre produit par rapport à l'alternative, et que vous avez listés dans l'étape 3.

Par exemple, vous allez dire aux gens qu'il est inutile d'aller à un séminaire qui coûte X euros parce qu'ils peuvent le faire de chez eux grâce à votre évènement.

Si votre page de vente est une vidéo, vous allez simplement rajouter la liste de ces avantages juste au dessus du bouton "acheter" qui se trouve sous la vidéo.

L'idée ici est de justifier la valeur perçue et faire en sorte quelle devienne évidente aux yeux des gens.

Ainsi, cette valeur perçue représente le prix dont les gens qui parcourent votre page de vente pensent que votre produit va coûter.

Cela dit, il ne va pas s'agir du prix final de votre produit car votre prix va devoir convaincre.

Ainsi, si votre prix de votre produit est encore plus bas que l'imagine la personne de part la valeur perçue en parcourant votre page de vente, alors vous gagnez.

Voici donc comment fixer votre prix final à l'aide des trois étapes suivantes.

IV.7- Etape 7 de la technique du value based pricing.

La septième étape consiste à :

"Rapprocher le prix de la valeur perçue d'un prix psychologique le plus proche."

Un prix psychologique est en général un prix qui se termine ou inclut un 7 ou un 4, mais évitez les 3.

Par exemple si votre prix de valeur perçue est de 230 euros, choisissez un prix de 240 euros ou 270 euros, ou alors un prix de 227 euros ou 247 euros.

Pour des prix à deux chiffres, vous pouvez par exemple choisir des prix tels que 27 euros, 47 euros, 74 euros ou encore 97 euros.

En revanche, évitez de mettre des décimales dans votre prix du type 197,99 euros ou 74,90 euros.

En effet, les décimales rajoutent de la longueur et vous risquez de faire diminuer votre taux de conversion de cette manière.

D'une manière générale, ce qui fonctionne le mieux en termes de tarifs sur Internet sont les prix se terminant par un 7 et sans décimales.

Fixez maintenant votre prix psychologique avant de passer à l'étape suivante.

IV.8- Etape 8 de la technique du value based pricing.

La huitième étape consiste à calculer le prix réduit dont les gens qui s'inscrivent à l'avance pourront profiter.

Cela consiste à réduire le prix psychologique de la valeur perçue en le divisant par 2 ou en le diminuant de 40%, puis en le rapprochant d'un prix psychologique.

Par exemple si votre prix psychologique de la valeur perçue est de 197 euros, en le divisant par 2 vous obtenez 98,5 euros, et en le rapprochant d'un prix psychologique vous obtenez un prix de remise de 97 euros.

Si vous préférez le réduire de 40% au lieu de le diviser par 2, vous obtenez 118,2 euros, soit un prix de remise de 117 euros une fois rapproché d'un prix psychologique.

C'est ce prix que vous afficherez et que vont payer les gens qui s'inscrivent à l'avance à votre évènement.

Vous voyez que ce prix est bien inférieur à la valeur perçue qu'ont les clients pour votre produit.

De plus, en combinant ce prix hyper attractif à un effet d'urgence en disant que la réduction se termine dans 2 ou 3 jours, vous êtes assuré de créer un effet de rush et de rendre votre offre irrésistible.

IV.9- Calculez le nombre de produits à vendre pour générer un smic.

Maintenant que vous avez le prix que vous allez présenter pour ceux qui s'inscrivent à l'avance, vous allez calculer combien il va falloir en vendre pour générer 1200 euros, soit environ un smic.

Par exemple, si votre prix est de 97 euros, il va vous falloir faire seulement 12 ventes pour générer votre smic.

Ajustez maintenant votre page de vente en affichant ce tarif ainsi que l'économie réalisée par rapport au prix total pour ceux qui s'inscrivent à l'avance.

Ceci termine le quatrième module.

Vous avez déterminé le prix de votre produit ainsi que le prix de remise pour les gens qui s'inscrivent à l'avance.

Ce prix vous permettra ainsi d'avoir le meilleur retour sur investissement possible car il s'agit d'un prix psychologique, et il s'agit d'un prix dont la valeur perçue est largement supérieure.

De plus, en limitant dans le temps la possibilité d'avoir ce prix, vous allez avoir une offre irrésistible et créer un véritable effet de rush.

Vous avez ajusté ces prix sur votre page de vente et vous savez maintenant exactement le nombre de ventes que vous devez faire pour générer un smic.

Vous allez voir dans le prochain module comment vous pouvez facilement doubler vos ventes et acquérir une stabilité sur le long terme sans rien avoir à créer de plus actuellement.

MODULE #5: COMMENT DOUBLER VOS VENTES ET ACQUÉRIR UNE STABILITÉ SUR LE LONG TERME SANS RIEN CRÉER DE PLUS AUJOURD'HUI.

Dans ce module, vous allez voir comment vous pouvez doubler et même tripler vos ventes sur le long terme sans rien créer de plus actuellement.

Vous allez voir dans la première partie de ce module que cela consiste à proposer une formule d'abonnement mensuel et vous verrez comment amener cette formule.

Dans la deuxième partie, vous verrez ce que vous pouvez fournir dans l'abonnement.

Enfin, une troisième partie vous permettra de mettre en place tout ça avec un plan d'action détaillé.

V.1- Proposez une formule à abonnement.

Vous allez proposer aux personnes qui cliquent sur le bouton d'achat de votre produit (donc ici votre évènement) une offre d'upsell, c'est-à-dire la possibilité d'ajouter un autre produit à leur panier avant d'entrer leur numéro de carte bancaire pour effectuer l'achat.

Cette offre d'upsell consiste à créer une page intermédiaire qui suit immédiatement votre page de vente, et qui s'affiche dès qu'une personne clique sur le bouton d'achat de votre page de vente.

Sur cette page, vous allez proposer à la personne de souscrire à un abonnement mensuel qui lui permettra d'accéder à une zone membre.

De plus, vous allez proposer d'avoir le premier mois gratuit pour lui permettre de tester, et commencer la facturation dès le deuxième mois.

Voici ce que vous pouvez dire sur cette page intermédiaire :

"Voulez-vous aussi essayer gratuitement pendant un mois la zone membre qui va vous permettre d'accéder chaque mois à X, Y et Z.

Après un mois, vous serez facturé de 97 euros/mois, mais vous pouvez interrompre votre abonnement à tout moment."

Voici donc ce qui va se passer concrètement :

Si la personne accepte votre offre d'abonnement avec le premier mois gratuit et clique sur "oui", alors elle sera dirigée par exemple vers une page Paypal pour effectuer le paiement de votre produit qui coûte par exemple 97 euros, ainsi que de l'abonnement qui coûte admettons 97 euros/mois.

Il est très simple de mettre en place un abonnement avec Paypal.

En effet, le premier prélèvement va être immédiat et va correspondre au prix du produit (donc de l'évènement en ligne), c'est-à-dire 97 euros.

Ainsi, cette astuce vous permet de proposer le premier mois d'abonnement gratuit tout en empochant déjà 97 euros tout de suite, comme si finalement vous faisiez payer l'abonnement dès le premier mois.

Par la suite, la personne sera prélevée de 97 euros le deuxième mois de l'abonnement, puis de 97 euros le troisième mois de l'abonnement, et ainsi de suite jusqu'à ce qu'elle résilie.

Il est aussi possible avec Paypal de fixer un prix initial différent du prix de l'abonnement.

Par exemple si votre produit coûte 97 euros et votre abonnement 47 euros/mois, c'est tout à fait possible.

Ainsi, la personne sera prélevée de 97 euros le premier mois, puis de 47 euros chaque mois à partir du deuxième mois.

Maintenant, si la personne refuse votre formule d'abonne et clique sur non, elle sera directement dirigée vers la plateforme de paiement et paiera uniquement le prix du produit seul.

Voyons voir maintenant ce que vous pouvez proposer dans votre abonnement.

V.2- Quoi proposer dans votre formule à abonnement.

Vous pouvez créer une formule à abonnement qui regroupe plusieurs choses.

Par exemple, vous pouvez créer une formation ou un tutoriel sous forme vidéo ou audio qui réponde à une problématique qu'ont les gens dans votre thématique.

Vous pouvez aussi demander chaque mois ou chaque semaine à vos inscrits de vous envoyer par email ou via un formulaire leurs questions, et y répondre en faisant une conférence en ligne ou en créant une vidéo que vous rendrez disponible sur l'espace membres.

Si le nombre de questions est trop élevé, vous pouvez vous limiter aux questions les plus fréquemment posées, par exemple le top 10 ou le top 15.

Autre chose que vous pouvez faire est de donner l'accès à un forum privé que vous animerez et où les membres pourront échanger entre eux.

Enfin, vous pouvez aussi partager des cas d'école, en montrant par exemple les expériences ou tests que vous avez faits, et en proposant des exercices à faire.

Par exemple si vous êtes dans la thématique du marketing Internet, vous pouvez montrer chaque semaine ou chaque mois les résultats de vos split-tests pour montrer à vos abonnés laquelle de vos pages de capture a eu le meilleur taux de conversion.

Bref, ce ne sont pas les idées qui manquent et c'est à vous de construire une formule dans laquelle vous proposez des choses qui vous correspondent, et qui vous demandent un volume de temps que vous êtes prêt à passer.

L'idéal, c'est d'avoir déjà du contenu sur votre zone membre dès que l'évènement sort, qui correspond au contenu du mois gratuit.

Ainsi, dès que votre évènement sort, les personnes qui ont choisi de s'abonner avec le premier mois gratuit ont accès en même temps à leur zone membres.

Ils s'attendent donc à y trouver le contenu correspondant au premier mois.

Si vous décidez de ne pas mettre de contenu le premier mois, vous pouvez simplement dire sur votre page intermédiaire que l'abonnement ne commencera que le mois suivant mais qu'ils peuvent déjà s'inscrire, et ainsi vous affranchir du fait de proposer un mois gratuit et de mettre du contenu. Cela dit, je vous déconseille cette alternative qui est beaucoup moins efficace.

Par ailleurs, le gros avantage d'un abonnement en plus d'augmenter drastiquement vos revenus et de vous assurer une stabilité financière sur le long terme, est que tout le contenu (formations, tutoriels, mini-conférences, réponses aux questions, etc) que vous allez créer pour vos abonnés peut ensuite être utilisé et repackagé pour être vendu en produit aux personnes non-abonnées.

Vous pouvez aussi proposer les premières parties de vos formations ou tutoriels sur votre blog dans le but d'inciter les gens à s'abonner afin de pouvoir accéder et télécharger la deuxième partie.

Pour terminer, voyons voir de combien vous pouvez augmenter vos revenus si vous décidez de proposer une formule à abonnement mensuel par exemple au même prix que votre produit.

Si 30% des gens s'inscrivent à votre abonnement dans votre offre d'upsell et que vous avez un taux de rétention moyen de 3 mois par personne, vous aurez augmenté vos revenus de 90%.

Si 50% des gens s'inscrivent à votre abonnement avec le même taux de rétention de 3 mois, vous aurez augmenté vos revenus de 150%.

Par ailleurs, le temps de rétention est en général de 5 à 6 mois si votre contenu est correct.

V.3- Plan d'action pour mettre en place votre formule à abonnement.

La première chose à faire pour mettre en place votre formule à abonnement est de décider de quoi celle-ci va être composée.

Choisissez donc parmi les choses qui ont été listées précédemment ou parmi d'autres idées que vous auriez ce qui vous conviendrait le mieux.

Essayez de trouver le meilleur compromis qui va vous permettre de créer un maximum de valeur en y passant un minimum de temps.

Au début, votre formule peut par exemple simplement être composée d'une formation vidéo que vous allez proposer chaque mois et qui résout une problématique qu'ont les gens dans votre marché de niche.

Au fur et à mesure et selon le temps que ça vous prend, vous pourrez l'enrichir par la suite.

Dans tous les cas, préférez les formats audio et vidéo qui ont généralement plus de valeur perçue que le texte.

Une fois que vous avez choisi le contenu de votre formule, vous allez maintenant créer votre page d'upsell sur laquelle vous allez proposer aux gens votre formule d'abonnement.

Voici par exemple ce que vous pouvez écrire sur cette page d'upsell :

"Voulez-vous aussi vous abonner et essayer la zone membres pendant 30 jours, et qui vous donne accès chaque mois à :"

Il vous suffit de lister en dessous toutes les choses qui constituent votre formule, puis de rajouter un bouton pour ceux qui souhaitent s'abonner et un bouton pour ceux qui veulent le produit seul sans l'abonnement.

Ceci termine ce cinquième module.

Vous avez ainsi mis en place une formule d'abonnement qui va vous permettre au minimum de doubler vos ventes (et souvent bien plus) et de vous assurer une stabilité financière sur le long terme.

Votre offre est maintenant complètement terminée et pleinement opérationnelle pour maximiser vos revenus.

Il reste maintenant à voir dans un dernier module comment amener du trafic sur votre offre et obtenir des visiteurs ciblés qui vont vouloir acheter.

MODULE #6: TROUVEZ DES CLIENTS FACILEMENT SANS PUB ET SANS UTILISER LES TECHNIQUES CLASSIQUES.

Dans ce module, vous allez découvrir comment amener instantanément des tonnes de clients potentiels sur votre offre sans avoir besoin de dépenser le moindre centime en publicité (mais vous pourrez le faire en plus si vous le souhaitez) et sans utiliser les techniques classiques beaucoup trop longues et fastidieuses telles que le référencement naturel.

Dans une première partie, vous allez d'abord voir le nombre de visiteurs qu'il va vous falloir obtenir sur votre site web en partant d'une hypothèse basse de taux de transformation (c'est-à-dire le nombre de personnes qui vont acheter sur 100 visiteurs qui viennent sur votre site).

Dans une deuxième partie, vous verrez pourquoi les techniques classiques ne vont pas vous permettre de générer les revenus voulus aussi rapidement que 72 heures, comme on le souhaite ici.

Dans une troisième partie, vous verrez la technique détaillée en cinq étapes pour générer un gros flux de visiteurs ciblés sur votre offre.

VI.1- Calcul du nombre de visiteurs ciblés à avoir sur une hypothèse basse de taux de conversion.

Vous allez ici calculer le nombre de visiteurs ciblés que vous devez obtenir sur votre offre en vous mettant dans le pire cas de taux de conversion.

Il faut savoir que généralement, le taux de conversion minimal d'une page de vente sur laquelle arrivent des visiteurs ciblés est de 1%.

D'ailleurs, s'il n'est que de 1%, c'est souvent qu'il y a un problème avec votre page et qu'il faut certainement la refaire.

Mais si vous avez appliqué à la lettre les stratégies des modules précédents, votre page de vente devrait avoir un taux de conversion très satisfaisant.

En général, un taux de conversion qui atteint 2 ou 3% peut être considéré comme correct, et un taux de conversion atteindra rarement plus de 7 ou 8%.

Quoiqu'il en soit, nous allons nous placer dans la pire hypothèse, et considérer que votre page de vente va avoir un taux de conversion de seulement 1%.

Reprenez maintenant le nombre de ventes nécessaires pour obtenir un smic ou environ 1200 euros, et que vous avez calculé dans la dernière partie du quatrième module.

Si votre produit coûte 47 euros, alors vous avez besoin de faire entre 25 et 26 ventes pour atteindre 1200 euros.

Avec un taux de conversion à 1%, il va donc vous falloir avoir 2500 visiteurs ciblés qui viennent sur votre site pour avoir vos 25 ventes.

Si votre produit coûte 97 euros, alors vous avez besoin de faire environ 12 ventes pour atteindre 1200 euros.

Avec un taux de conversion à 1%, il va donc vous falloir avoir 1200 visiteurs ciblés pour obtenir vos 12 ventes.

Calculez maintenant le nombre de visiteurs ciblés dont vous avez besoin selon le prix de votre produit afin de générer 1200 euros, avec un taux de conversion à 1%.

VI.2- Pourquoi les techniques classiques ne vous permettent pas de générer le revenu désiré en si peu de temps.

Si vous décidez de ne pas payer pour de la publicité, l'autre moyen pour avoir du trafic est en général de payer avec du temps.

Le problème du temps est que justement cela peut prendre plusieurs mois d'efforts avant d'avoir un nombre de visiteurs suffisants sur votre site, comme c'est le cas si vous décidez de vous lancer dans le référencement.

Il y n'y a donc presque aucune chance de générer en 3 jours le nombre de visiteurs dont vous avez besoin pour atteindre votre objectif de revenus.

Une autre solution pourrait consister à utiliser des plateformes d'affiliation sur lesquelles vous mettez votre page de vente et vous avez des affiliés qui font la promotion pour vous de votre page de vente, en faisant venir des visiteurs en échange d'une commission à chaque vente.

Le premier problème avec l'affiliation en particulier en France est qu'il y a très peu de sites sérieux et avec une quantité suffisante de trafic et d'affiliés.

Le deuxième problème est qu'il y a vraiment très peu d'affiliés expérimentés qui sauront faire correctement la promotion de votre offre, même si vous prenez le temps de leur expliquer comment faire.

D'autres solutions enfin peuvent consister à laisser des commentaires sur les blogs ou à poster sur les réseaux sociaux comme par exemple sur des groupes ou pages Facebook ciblées.

Cela dit, même si ces actions peuvent peut-être fonctionner sur le long terme, n'espérez pas générer un trafic suffisant sur votre page pour obtenir 1200 euros en 72 heures avec ces méthodes.

VI.3- La technique en 5 étapes pour générer instantanément un gros flux de visiteurs ciblés sur votre offre.

Vous allez maintenant voir la technique en 5 étapes qui va vous permettre de générer un gros flux de visiteurs ciblés sur votre page de vente immédiatement.

L'idée consiste à faire un partenariat ciblé sur des sites à fort trafic que vous sélectionnez.

C'est en effet la meilleure solution pour générer un grand flux de visiteurs ciblés sur votre page de vente sans avoir à sortir d'argent de votre poche.

Voici donc comment procéder en cinq étapes.

Etape 1 :
Calculez le nombre de visiteurs que vous pouvez envoyer sans le partenariat.

Avant même de penser à faire le partenariat, vous allez déjà calculer le nombre de visiteurs que vous pouvez envoyer sur votre page de vente avec les moyens que vous avez aujourd'hui.

Par exemple, vous avez peut-être déjà un certain nombre de visiteurs qui viennent chaque jour sur votre site web et que vous pouvez envoyer sur votre offre.

De la même façon vous avez peut-être déjà une mailing list. Si vous envoyez un email par jour à votre mailing list pendant les trois jours, essayez d'estimer combien de personnes vous pouvez déjà faire venir sur votre offre.

Enfin, si vous avez une page Facebook ou Twitter, estimez le nombre de personnes qui peuvent être envoyées sur votre page de vente.

Faites l'addition de toutes ces sources de visiteurs que vous pouvez avoir par vous-même, en faisant une estimation basse.

Etape 2 :
Listez tous les sites à fort trafic avec une thématique
similaire ou liée à la vôtre.

Ce qui va vous intéresser ici va être d'identifier tous les sites à fort trafic qui ont une thématique similaire à la vôtre ou une thématique qui soit liée.

Ainsi, vous allez totalement négliger tous les sites qui n'ont que quelques dizaines de visiteurs par jour.

Vous n'avez pas de temps à perdre en négociations avec eux et ils ne vous apporteront jamais assez de visiteurs en trois jours pour atteindre votre objectif de revenus.

Au contraire, tournez-vous plutôt vers des sites tels que des forums ou des communautés. Vous pouvez aussi utiliser le site Alexa pour voir si un site a un fort trafic ou non.

Pour ce qui est de trouver des thématiques liées, vous pouvez regarder les choses de façon horizontale ou verticale.

Prenons un exemple :

Imaginons que vous vendiez de la nourriture pour chiens.

Une thématique liée horizontalement à la vôtre va être par exemple tous les accessoires pour chiens : gamelles, jouets, laisses, etc.

Une thématique liée verticalement à la vôtre va être par exemple tout ce qui touche les chiens de manière transversale et plus large : dressage, psychologie canine, manucure, etc.

Dressez maintenant votre liste de sites à fort trafic qui sont similaires à votre thématique ou qui ont une thématique liée à la vôtre.

Etape 3 :
Préparez le contenu que les administrateurs de ces sites vont envoyer à leurs visiteurs et inscrits.

Vous allez maintenant préparer tout le contenu que vous allez donner aux responsables des sites à fort trafic que vous avez identifiés à l'étape précédente.

Il s'agit du contenu que ces responsables vont envoyer à leurs visiteurs et à leurs inscrits pour les faire venir sur votre page de vente.

Ainsi, s'ils ont une mailing list, vous aller préparer rapidement une séquence de 2 ou 3 emails à envoyer à leur liste d'inscrits.

S'ils n'ont pas de mailing list, vous allez faire un article de blog qu'ils vont pouvoir publier sur leur blog pour faire venir leurs visiteurs sur votre page de vente.

Voici ci-après un modèle de 2 emails de promotion que vous pouvez recopier pour créer votre séquence de 2 emails promotionnels.

Modèle d'email à recopier pour le jour 1 :

Sujet de l'email.

"Nouveau : [titre de votre produit]"

Message de l'email.

Bonjour,

Tu peux déjà réserver ta place en avant-première à
l'événement en ligne :
[titre de votre produit]
[lien vers votre page de vente]

L'objectif : [promesse et durée pour obtenir le résultat]

Il reste encore des places aux conditions actuelles pour
MOINS DE 24H :
[lien vers votre page de vente]

A très bientôt.

Modèle d'email à recopier pour le jour 2 :

Sujet de l'email.

Dernières places : [titre de votre produit]

Message de l'email.

Bonjour,

C'est un vrai succès : je compte déjà XX inscrits en moins de 24 heures à
l'événement :
[titre de votre produit]
[lien vers votre page de vente]

Il ne reste plus que QUELQUES places aux conditions actuelles :
[lien vers votre page de vente]

L'objectif de l'événement : [promesse et durée pour obtenir le résultat]

A très bientôt.

Etape 4 :
Envoyer aux partenaires l'email de proposition de partenariat.

Vous allez maintenant envoyer aux partenaires que vous avez identifiés un email de proposition de partenariat.

Vous allez ici leur proposer un partenariat à 50% sur la période de lancement au lieu des 20% que vous proposez classiquement, en justifiant ça par le fait que cette fois vous ne proposez pas un produit mais un évènement.

Vous verrez que le fait de proposer un évènement et un partenariat à 50% va vous faire avoir un nombre de partenariats relativement élevés.

Bien entendu, si vous donnez 50% de vos ventes à votre partenaire, il va falloir doubler le nombre de visiteurs qui viennent sur votre page de vente afin d'atteindre le revenu désiré.

Cela dit, si vous faites un partenariat avec un ou plusieurs sites à fort trafic, vous aurez certainement en trois jours bien plus que deux fois le nombre de visiteurs ciblés que vous avez initialement prévus.

En plus, rappelez-vous que vous avez fait une hypothèse basse en termes de taux de conversion pour votre page de vente.

Il n'y a donc aucun soucis à se faire de ce côté là.

Voici en page suivante un modèle à recopier d'email que vous pouvez envoyer pour proposer un partenariat.

Modèle d'email à recopier pour proposer un partenariat.

Sujet de l'email.

[Nom du site partenaire] partenaire officiel ?

Message de l'email.

Bonjour,

Je vais lancer prochainement un événement en ligne :
[nom de votre produit]

En devenant partenaire officiel de l'événement, vous recevez 50% des ventes
générées via votre site, soit X€ par place réservée.

En quoi ça consiste, précisément :

- Vous recevez 50% du chiffre d'affaires généré par l'envoi des mailings suivants :
[lien vers votre séquence de 2 ou 3 emails].

- Votre logo est affiché sur le bloc «partenaires» de la page de l'événement.

Les préventes vont être ouvertes incessamment, et je peux encore vous garantir une place de partenaire si vous pouvez me répondre aujourd'hui.

Je vous remercie par avance.

Etape 5 :
Email à envoyer aux partenaires potentiels en cas de non réponse ou de refus.

Si vous n'avez pas reçu de réponse suite à votre premier email de proposition de partenariat ou que vous avez reçu une réponse négative, tout n'est pas perdu.

Vous pouvez envoyer un deuxième email dans lequel vous allez proposer de payer la personne pour qu'elle envoie votre séquence d'emails à sa mailing list, ce qui au passage vous permet de garder 100% des commissions.

Dans ce cas, la règle consiste à ne jamais faire d'offre en premier, mais de demander le tarif nécessaire pour que la personne accepte d'envoyer votre séquence d'emails.

Bien souvent, ça vous reviendra moins cher que prévu, surtout si vous êtes dans une thématique où les gens n'ont pas vraiment de notion de commerce ou de marketing.

Une fois que vous avez réalisé ces cinq étapes pour créer un partenariat, il ne vous reste plus qu'à les reproduire pour créer d'autres partenariats avec tous les autres sites à fort trafic que vous avez identifiés et listés précédemment.

Ceci termine ce dernier module.

Vous savez maintenant comment obtenir un flux énorme de visiteurs ciblés sur votre page de vente, sans avoir à dépenser le moindre centime.

Vous avez dans un premier temps calculé le nombre de visiteurs dont vous aviez besoin pour générer vos 1200 euros en 3 jours, en vous basant sur le prix de votre produit et sur le pire cas de taux de conversion de votre page de vente.

Dans un deuxième temps, vous avez vu pourquoi les techniques classiques de génération de trafic telles que le référencement naturel, l'affiliation, les commentaires sur les blogs ou encore les messages sur les réseaux sociaux ne vous permettront pas de réaliser le revenu désiré dans le délai de temps très court que vous vous êtes fixé.

Dans un troisième temps, vous avez vu la meilleure solution pour générer un grand flux de visiteurs ciblés sur votre page de vente sans avoir à sortir d'argent de votre poche.

Il s'agit de créer des partenariats avec des sites à forts trafic d'une thématique similaire ou liée à la vôtre.

Vous avez vu pour ça une procédure en 5 étapes qui vous a guidé pas-à-pas pour réaliser ces partenariats.

Vous avez notamment à votre disposition des modèles de séquences d'emails que vous pouvez donner à vos partenaires pour les envoyer à leur mailing list afin de faire venir leurs inscrits sur votre page de vente.

Vous avez aussi vu le modèle d'email que vous pouvez envoyer pour faire votre proposition de partenariat efficacement, c'est-à-dire de manière courte, simple, précise, et avec un sentiment d'urgence.

Cette formation est maintenant terminée, et il reste simplement à la conclure.

CONCLUSION.

Cette formation se termine ici.

Vous avez désormais tout ce qu'il vous faut pour générer facilement votre premier smic sur Internet en seulement 72 heures, soit environ 1200 euros.

A première vue un tel challenge peut paraître difficilement réalisable lorsqu'on utilise uniquement les techniques classiques que tout le monde connaît et qu'on trouve partout.

Vous avez en effet vu que les techniques de monétisation d'un site avec de la pub ou l'affiliation ne peuvent pas vous permettre d'obtenir de tels résultats dans un tel délai.

La raison principale est qu'il faut bien souvent de nombreux mois voire plusieurs années avant de pouvoir avoir un nombre de visiteurs suffisants ou une audience de fans suffisamment grande.

Par ailleurs, il faut souvent savoir comment s'y prendre pour créer un produit qui va plaire et en faire le lancement.

Il ne suffit pas seulement de créer un produit, encore faut-il savoir comment créer un produit irrésistible, savoir quel prix mettre pour maximiser le retour sur investissement, savoir comment tourner votre offre et faire votre page de vente pour créer un sentiment de rush et d'urgence.

Pour maîtriser toutes ces compétences, il faut souvent de nombreuses années d'apprentissage et des centaines de tests pour trier ce qui fonctionne de ce qui ne fonctionne pas.

C'est pour toutes ces raisons que l'immense majorité des gens pense irréalisable d'obtenir si rapidement les résultats que cette méthode vous permet d'avoir.

Bienheureux est celui qui la possède, car c'est le moyen le plus rapide de réussir à générer un smic sur Internet, surtout lorsqu'on débute en ligne.

Il y a fort à parier que vous ne trouverez jamais de méthode aussi efficace pour atteindre ce niveau de résultats aussi rapidement.

Et c'est toute la richesse et le génie de cette méthode qui prend les choses à l'envers en mettant d'abord l'accent sur la génération du revenu voulu avant de réaliser la création du produit.

Ainsi, vous avez pu voir dans le premier module comment trouver une idée de produit irrésistible, en utilisant une matrice spéciale.

Vous avez ensuite vu dans un deuxième module comment vendre un produit qui n'existe pas encore.

Dans un troisième module, vous avez vu comment créer en moins de 30 minutes une page de vente qui vous donne un taux de conversion extrêmement élevé.

Il vous suffit pour ça d'utiliser des modèles prouvés qu'il ne vous reste qu'à recopier en répondant à une simple liste de questions.

Vous vous affranchissez ainsi des nombreux besoins de tests fastidieux et des mois d'apprentissage pour faire un copywriting efficace.

Dans un quatrième module vous avez vu comment fixer un prix pour avoir un retour sur investissement maximal.

Ensuite, vous avez vu dans un cinquième module comme doubler vos ventes (et même bien plus) en installant un système à abonnement qui vous assure de bâtir un système stable et lucratif pas seulement sur le court terme, mais aussi sur le long terme.

Enfin, vous avez vu comment vous pouvez générer facilement un flux de trafic ciblé sur votre page de vente sans devoir dépenser le moindre centime et de manière instantanée.

Si vous utilisez et appliquez correctement l'ensemble des modules de cette méthode qui vaut de l'or et que bien des gens rêveraient de connaître, vous allez non seulement atteindre votre objectif à court terme de 1200 euros en 3 jours, mais vous allez construire un véritable système qui va vous assurer une pérennité sur le long terme.

Vous avez également vu de nombreux axes de développement à partir de la mise en place d'un abonnement, et la possibilité de repackager les produits de votre abonnement pour les vendre à des non-abonnés.

La beauté de cette méthode est que vous pouvez la reproduire dans absolument n'importe quel autre marché de niche.

Vous pouvez ainsi combiner les rentrées d'argent pour vous bâtir une véritable fortune plus vite que n'importe qui.

Le marketing sur Internet est un outil formidable au service de votre indépendance financière pour réaliser vos rêves, et cette formation vous en donne les clés.

Je vous souhaite donc tous mes voeux de succès dans votre activité en ligne et dans votre indépendance financière et vous dis à bientôt, j'espère, dans une prochaine formation.

A PROPOS DE L'AUTEUR.

Rémy Roulier est un ancien ingénieur informatique et responsable marketing dans une multinationale.

Il est aujourd'hui auteur best-seller, digital nomad et voyage partout dans le monde, ayant acquis depuis plus de dix ans une véritable expertise dans le marketing internet et le développement personnel.

Il partage aujourd'hui ses outils et son expérience pour permettre aux autres d'atteindre également leur indépendance financière et de façonner leur vie telle qu'ils la désirent vraiment.

CRÉATIONS DU MÊME AUTEUR.

Voici aussi quelques autres de mes créations qui peuvent vous servir :

EMAILING QUI VEND:
42 MINUTES POUR DEVENIR RICHE AVEC VOTRE MAILING LIST EN DECUPLANT VOS TAUX D'OUVERTURE ET VENTES COMME UN PRO DE L'EMAIL MARKETING.
Découvrez en seulement 42 minutes comment extraire un maximum d'argent de votre mailing list et obtenir des taux de conversion record comme le font les plus grands experts mondiaux de l'email marketing. Rejoignez tout de suite les 1% des gens qui génèrent de véritables fortunes grâce à leur mailing list.

DEVENIR RICHE AVEC UN BLOG DE CURATION:
CREER UN BLOG D'EXPERT QUI CARTONNE ET GAGNER DE L'ARGENT SANS CREER D'ARTICLES AVEC LA CURATION.
Accédez à la méthode la plus complète pour réussir rapidement avec un blog de curation. Cette nouvelle méthode simple et ludique de bloguer va vous permettre de gagner beaucoup d'argent et de vous positionner rapidement comme un véritable expert, sans jamais avoir besoin d'écrire des articles, de tourner des vidéos ou d'être un spécialiste de votre niche.

CREER UN SITE WEB LUCRATIF EN 4 SEMAINES:
LA FAÇON LA PLUS RAPIDE DE CRÉER UN BLOG OU SITE INTERNET RENTABLE
EN PARTANT DE ZÉRO.

Découvrez la façon la plus rapide et simple de créer un site ou blog qui vous rapporte entre 5000 et 10000 euros par mois en partant de rien. Une méthode pas-à-pas qui vous guide en 5 modules vers votre indépendance financière, en évitant toutes les erreurs des débutants.

DEVENIR RICHE EN FREELANCE SUR LE WEB:
POURQUOI 99% DES INDEPENDANTS ECHOUENT SUR INTERNET ET
COMMENT REJOINDRE LES 1% QUI GENERENT DES REVENUS A 6 CHIFFRES.

Un livre que doit posséder absolument tout entrepreneur. Il vous explique comment bâtir votre business en freelance sur le web (ou ailleurs) pour éviter de devenir un indépendant qui croule sous le travail en ne gagnant que des miettes. Découvrez exactement comment s'y prennent les freelances qui cartonnent sans (trop) travailler, et reproduisez le même modèle qui leur permet de générer des revenus à 6 chiffres.

CONTENU DE MASSE POUR VOTRE BLOG:
1 HEURE/JOUR POUR CREER 7 ARTICLES, 5 VIDEOS ET 1 PRODUIT CHAQUE
SEMAINE ET CREER UN BLOG D'AUTORITE ULTRA RENTABLE.

Découvrez une méthode radicale et inédite pour devenir un créateur de contenu à 100% et créer 7 articles, 5 vidéos et 1 produit chaque semaine en ne travaillant qu'une heure par jour du Lundi au Vendredi. Commencez immédiatement et voyez votre trafic et vos revenus exploser.

CREER UN BLOG VIDEO SANS SE RUINER:
LA METHODE COMPLETE POUR CREER UN VLOG PRO (EQUIPEMENT, DISCOURS, TOURNAGE, MONTAGE, VIDEO, DIFFUSION) SANS SE RUINER.
Tout ce que vous devez savoir pour créer un blog vidéo de qualité professionnelle le plus facilement possible, même si vous avez peu ou pas de budget. Laissez-vous guider totalement de l'équipement à la diffusion, et voyez des milliers de fans s'agglutiner et vos ventes exploser par vos vidéos irrésistibles.

ECRIRE UNE PAGE DE VENTE HYPNOTIQUE:
54 MINUTES CHRONO POUR ECRIRE FACILEMENT UN ARGUMENTAIRE DE VENTE FASCINANT ET VENDRE SUR INTERNET COMME UN PRO DU COPYWRITING HYPNOTIQUE.
Une méthode clés-en-main pour écrire facilement une page de vente hypnotique, et en seulement 54 min. Bien plus puissante que le copywriting ordinaire, utilisez-là pour "forcer" vos clients à acheter vos produits en les plongeant dans un état de transe hypnotique.

CREER UNE LANDING PAGE QUI CONVERTI:
TRIPLEZ VOS VENTES, EXPLOSEZ VOTRE MAILING LIST EN MOINS DE 15
MINUTES AVEC UNE SQUEEZE PAGE OPTIMISEE.
Une méthode complète pour créer une landing page en partant de rien
et obtenir d'entrée de jeu des taux de conversion records à rendre
jaloux les meilleurs marketeurs. Evitez les mois de tâtonnements
interminables et les centaines d'euros dépensés pour trouver la
meilleure version, en prenant ce raccourci tout de suite.

VENDRE EN VIDEO COMME UN PRO:
LA NOUVELLE FAÇON LA PLUS SIMPLE ET RAPIDE DE CREER UNE VIDEO DE
VENTE ET PAGE DE VENTE VIDEO QUI CONVERTI.
Découvrez un système complet et unique en pas-à-pas pour réaliser
des vidéos de vente en partant de rien. De l'équipement à la création
de votre argumentaire de vente, en passant par les techniques pour
amener de la présence et pour minimiser votre temps de montage
vidéo, vous saurez comment obtenir des taux de conversion record
dignes des meilleurs marketeurs, de la manière la plus simple, rapide,
et sans vous ruiner.

TUNNELS DE VENTE SOCIAUX:
GAGNER DE L'ARGENT SUR INTERNET ET DEVENIR RICHE AUJOURD'HUI
APRES L'EXPLOSION DES RESEAUX SOCIAUX (FACEBOOK, TWITTER...) ET
YOUTUBE.

Une véritable plongée dans la psychologie de l'acheteur d'aujourd'hui et une méthode pratique qui vous permet de créer un tunnel de vente tel qui fonctionne après l'explosion des réseaux sociaux. Convertissez ainsi sans peine vos prospects en clients, en acheteurs multiples, en fans et en véritables ambassadeurs de vos produits auprès de leur amis pour étendre votre notoriété comme une trainée de poudre.

GERER SES EMOTIONS FACILEMENT:
LA MAITRISE DE SOI FACILE POUR MOBILISER SES CAPACITES (MOTIVATION,
CONFIANCE EN SOI...) A VOLONTE, INSTANTANEMENT.

Ne plus être esclave de vos états intérieurs (colère, stress, jalousie etc.) n'aura jamais été aussi facile et rapide qu'avec cette méthode qui va vous permettre de retrouver une parfaite maitrise de soi et de mobiliser instantanément n'importe qu'elle capacité.

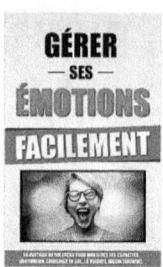

TROUVER UNE NICHE LUCRATIVE SANS SE TROMPER:
LA NOUVELLE DEMARCHE POUR CREER UN BLOG DANS UN MARCHE DE
NICHE ULTRA RENTABLE ET DEVENIR RICHE DU 1er COUP.

Tout ce qu'il vous faut pour bien choisir votre marché de niche pour
être sûr de réussir, et ne pas commettre les erreurs des débutants qui
se retrouvent ruinés au bout de 6 mois ou 1 an car ils ont choisi leur
marché de niche en se basant sur les mauvais critères.

LA COMMUNICATION EFFICACE EN 60 MINUTES CHRONO:
DECOUVREZ LES TECHNIQUES SECRETES DE LA COMMUNICATION VERBALE ET
NON VERBALE POUR BRILLER DES CE SOIR.

Devenez un pro de la communication dans tous ses aspects, aussi bien
verbale que non verbale, en seulement 60 minutes chrono. Une
solution clés-en-main, facile, pour résoudre définitivement tous vos
problèmes de communication sans y passer des mois ou des années!

LA MEMOIRE FACILE INSTANTANEE:
AMELIORER SA MEMOIRE, MEMORISER COMME UN CHAMPION DES CE
SOIR SANS RIEN OUBLIER ET SANS EFFORTS.
Des exercices et stratégies faciles qui vont vous permettre d'utiliser vos
différentes mémoires à plein régime et mémoriser sans peine autant
d'informations que vous voulez...instantanément et sans les oublier,
comme le font les champions de la mémorisation.

TITRES QUI VENDENT:
DANS 47 MINUTES VOUS ECRIREZ DES TITRES FACEBOOK, ADWORDS,
BLOG, PAGE DE VENTE, EMAIL COMME UN PRO DU COPYWRITING!
Découvrez les secrets et les 101 meilleurs templates pour créer des
titres chocs qui vont vous rapporter (très) gros, et acquérir les
compétences des meilleurs copywriters en seulement 47 minutes!

VAINCRE SA TIMIDITE:
LA METHODE CHOC DES EXPERTS EN CONFIANCE EN SOIR POUR SORTIR
DE L'ENFER DE LA TIMIDITE FACILEMENT ET RAPIDEMENT.
Enfin une méthode pas-à-pas qui vous permet de vous libérer de votre timidité pour toujours, et d'obtenir ce magnétisme personnel que vous avez peut-être toujours cru réservé aux autres, tout ça rapidement et facilement.

SYSTEME AFFILIATION:
LA NOUVELLE FAÇON POUR ENFIN VIVRE DE SON BLOG PAR
L'AFFILIATION ET DEVENIR RICHE SANS CRÉER UN SEULPRODUIT.
Ce redoutable système d'affiliation est la preuve que l'affiliation fonctionne toujours à merveille pour les rares initiés qui savent l'utiliser de la bonne manière. Mettez enfin en place en seulement quelques jours une véritable machine à générer des revenus passifs sans jamais avoir à créer le moindre produit ni vous occuper du service après vente.

ECRIRE UN EBOOK IRRESISTIBLE EN UN WEEK-END:
LA NOUVELLE METHODE POUR ECRIRE UN LIVRE QUE LES LECTEURS
ADORENT, PRET A VENDRE LUNDI MATIN.

Laissez-vous guider par une procédure simple et d'une efficacité redoutable pour créer en seulement un week-end un ebook que les gens vont s'arracher, même si vous n'êtes pas expert dans un domaine.

DEVENIR RICHE EN 42 JOURS:
LA METHODE PAS-A-PAS POUR.GAGNER DE L'ARGENT SUR INTERNET ET
VIVRE SES REVES EN PARTANT DE RIEN.
Une méthode prouvée qui vous guide pas-à-pas et vous permet d'atteindre votre indépendance financière en 42 jours grâce à Internet, même si vous démarrez actuellement de rien. Un must à ne pas manquer.

COMMENT SE CONCENTRER COMME EINSTEIN:
LE SECRET DES ETUDIANTS PARESSEUX POUR DECUPLER LA
CONCENTRATION ET
LA MEMOIRE AVEC LA TECHNIQUE DU DOCTEUR VITTOZ.
Ce best seller dans le top 100 des meilleures ventes d'Amazon vous montrera la technique jadis utilisée par Einstein qui vous donnera le pouvoir de vous concentrer sur ce que vous voulez aussi longtemps que vous voulez.

COMMENT REUSSIR VOS EXAMENS:
LE POUVOIR INEGALE DE LA DYNAMIQUE MENTALE POUR FINIR PREMIER
DANS VOS ETUDES ET EXAMENS EN ETANT PARESSEUX.
Réussissez dès maintenant vos examens et vos études en découvrant la technique secrète utilisée par les plus grands sportifs internationaux. Spécialement adaptée ici à la réussite aux examens par des médecins et psychologues, elle vous propulsera parmi les meilleurs étudiants sans avoir à étudier davantage.

ACUPRESSION DE SECOURS:
SUPPRIMEZ IMMEDIATEMENT LE STRESS, LE MAL DE TETE, LE TROU DE
MEMOIRE PENDANT UN EXAMEN AVEC VOTRE DOIGT.
Soulagez vos douleurs et malaises immédiatement dès que vous en avez besoin et empêchez-les de vous faire rater un oral, un examen ou tout moment important de votre vie. 100% pratique, très clair et simple, ce livre est très certainement le meilleur investissement que vous puissiez faire pour votre santé et votre succès.

LA LECTURE RAPIDE EN 60 MINUTES CHRONO:
DOUBLER (OU TRIPLER) VOTRE VITESSE DE LECTURE N'A JAMAIS ÉTÉ
AUSSI FACILE!

Utilisez les meilleures techniques des lecteurs les plus rapides pour augmenter votre vitesse de lecture de 100% dès aujourd'hui.

LA RELAXATION ZEN PROFONDE:
LA VOIE ROYALE POUR LA LIBERATION EMOTIONNELLE ET LE LACHER
PRISE.

L'outil parfait pour aborder les situations du quotidien sereinement, et reprendre le contrôle de votre vie et de vos émotions dans le lâcher prise.

NUTRITION DETOX:
BIEN MANGER POUR UNE VIE DE PURE ENERGIE, FORME ET SANTE.

Plus jamais vous ne vous empoisonnerez à la malbouffe, et apprendrez les principes alimentaires qui vous redonnerons une énergie et une qualité de santé au-delà de vos espérances tout en vous faisant économiser des dizaines d'euros tous les mois.

LE MIND MAPPING FACILE:
MEILLEURE MEMOIRE, PRISE DE NOTE RAPIDE, BRAINSTORMING,
GESTION DE PROJET SANS EFFORT AVEC LES MIND MAPS.
Le Mind Map (ou carte heuristique) va révolutionner votre vie et votre mémoire en termes gain de temps, d'organisation et d'efficacité par un système puissant et redoutable de prise de notes et d'organisation de l'information autour de diagrammes basés sur la manière naturelle dont fonctionne votre cerveau. Un outil à posséder absolument.

L'ANGLAIS FACILE AVEC LE MIND MAPPING:
COMMENT APPRENDRE L'ANGLAIS ET N'IMPORTE QUELLE LANGUE
RAPIDEMENT SANS JAMAIS L'OUBLIER.
Si vous avez toujours eu du mal avec les langues ou que vous souhaitiez apprendre l'Anglais facilement et rapidement, cette méthode innovante basée sur le Mind Mapping va très certainement vous y aider.

L'ESPAGNOL FACILE AVEC LE MIND MAPPING:
COMMENT APPRENDRE L'ESPAGNOL ET N'IMPORTE QUELLE LANGUE
RAPIDEMENT SANS JAMAIS L'OUBLIER.
La même chose que pour l'Anglais, mais cette fois c'est plutôt si vous souhaitez vous rendre là où les gens parlent Espagnol et apprendre cette langue facilement et rapidement à l'aide du Mind Mapping.

COMMENT SAUVER SON COUPLE EN UNE HEURE:
LA NOUVELLE MANIERE POUR EVITER LA RUPTURE AMOUREUSE ET
CREER UNE PASSION AMOUREUSE INTENSE.
Avant de penser à rompre, découvrez d'abord ce programme qui a déjà sauvé la relation amoureuse de plusieurs milliers de couples et évité de grandes souffrances de rupture, en seulement une heure.

www.ingramcontent.com/pod-product-compliance
Lightning Source LLC
Chambersburg PA
CBHW051330170526
45166CB00002B/761